Aviones, trenes y más

Por Sue Graves

CELEBRATION PRESS
Pearson Learning Group

La gente viaja de muchas maneras.

La gente viaja por aire en avión.

La gente viaja por tierra
en tren.

La gente viaja por tierra en bicicletas.

La gente viaja por agua
en ferry.

La gente viaja al espacio
en transbordador espacial.

Maneras de viajar

Viajar por aire

avión   helicóptero   globo

Viajar por tierra

tren   autobús   auto

Viajar por agua

ferry   barco de vela   canoa